Weimar

lieben lernen

Der perfekte Reiseführer für einen unvergesslichen Aufenthalt in Weimar

inkl. Insider-Tipps und Packliste

Tatjana Berghaus

✈ INHALT

Das erwartet Sie in diesem Buch

Dass Thüringen eines von den „schwierigen" Bundesländern sei, sang der Kabarettist Rainald Grebe in seiner Länderhymne, schließlich kenne es niemand außerhalb von Thüringen. Für manche Städte des kleinsten Bundeslandes Deutschlands mag das zutreffen, ganz bestimmt aber nicht für diese, wahrscheinlich berühmteste Stadt im grünen Herzen Deutschlands: Weimar.

„Na, Sie hätten mal in Weimar leben sollen!", mit diesen Worten begegnete der Schriftsteller Arno

Schmidt einmal einem Gesprächspartner. Daraus spricht Bewunderung für eine Stadt, die wie kaum eine zweite die Doppelgeschichtlichkeit des Deutschen schlechthin verkörpert hat – und für eine Stadt, die es geschafft hat, als Erbe ihrer vielen großen Söhne und Töchter diese Geschichtsträchtigkeit in die Gegenwart hinüberzuretten, ohne sie auch nur den Hauch einer kulturelitären Patina ansetzen und in ihrer glorreichen Vergangenheit erstarrt erscheinen zu lassen. Und wenn Sie, der Leser dieses Buches, diese ersten Seiten lesen, werden Sie hoffentlich Wohlbekanntes wiederentdecken, neben dem Neuen und Überraschenden, das dieses Buch für Sie beinhalten soll. In jedem Falle soll es Ihnen Lust bereiten, besser morgen als übermorgen die festen Schuhe zu schnüren, das Bahnticket zu buchen und sich für Ihren Aufenthalt aus den Sie hier erwartenden Vorschlägen, diese Stadt zu genießen, die Ihnen liebsten auszuwählen. Dass Weimar jedermann - von Kunstliebhaber und Weinconnaisseur bis hin zur Nachteule und Clubgänger - etwas zu bieten weiß, soll mit dem in Ihren Händen liegenden Büchlein bewiesen werden.

Weimar sehen und …?

Über Neapel, die Metropole (und Perle) des italienischen Südens in der Campania, lässt man auf der Reise dorthin befindliche Wanderer wissen: „Vedi Napoli e poi muori." (Siehe Neapel und dann kannst du sterben.) Einer größeren Schönheit wirst du deines Lebtages nicht mehr ansichtig, eine bessere Zeit wirst du nirgends erleben, der größte Schatz deiner Reisen wartet hier. Die meisten Italiener sind davon überzeugt, dass jeder Mensch in seinem Leben einmal Neapel und seine unzähligen Sehenswürdigkeiten sehen und einmal von den Festungsanlagen aus auf das strahlende Blau des Golfs von Neapel, der sich bis zum Horizont erstreckt, schauen müsse. Fragt man einen Deutschen auf der Straße, welche Stadt in seinem Lande man besuchen müsse, bevor man in Frieden sterben könne, werden die Antworten wohl regionalpatriotischer ausfallen; der Württemberger nennte Freiburg oder Heidelberg, der Norddeutsche Hamburg oder Rügen, der Bayer München oder Bamberg, der Nordrhein-Westfale Köln oder Münster und so weiter. Einigen können wird man sich mit größter Sicherheit aber auf den Namen einer Stadt, der diesen Orten fernliegt und deren Reiz ein ganz besonderer ist und der bereits in ihrem Namen begründet liegt - „Vedi Weimar e poi muori.".

Weimar. Schon der Name der doch eher kleinen Stadt in Thüringen, im grünen Herzen der Bundesrepublik, weckt mannigfaltige Assoziationen weit über die Landesgrenzen hinaus. Wer mit Jena, Erfurt, Gotha und Eisenach schon nichts zu verbinden weiß, dem fällt zumeist bei der Nennung Weimars ein ganzes Füllhorn an Begriffen ein: Weimarer Klassik, Weimarer Republik, Weimarer Hof und Goethe und

Schiller, war da nicht auch etwas? Und stehen hier nicht noch so viele an die Zeit des 18. Jahrhunderts erinnernde Gebäude? Und die Museen? Hundeliebhaber hingegen werden womöglich gleich ohne Umschweife an die Hunderasse des *Weimaraners* denken müssen, dessen aufrechter Gang, gerader Rücken und glänzendes kurzes Fell wie aus dem herrlichen Antlitz der Stadt geschlagen zu sein scheinen (und der übrigens – ähnlich wie die Heroen der Zeit der Weimarer Klassik – einer Züchtung aus der Zeit 18. und 19. Jahrhundert entstammt).

Wer schon Vorkenntnisse hat und nicht nur vage Begriffe á la „Weimar, da war doch was...?" aufzurufen weiß, der denkt mit Sicherheit an jene Gebäude, Institutionen, Menschen, die diese Stadt ausmachten und noch immer ausmachen. Da wären der wunderbare Herzogenpark, der Fluss Ilm, der sich einmal durch die Stadt zieht, da wäre das Goethehaus, einer der meistbesuchten Orte der Stadt, das Deutsche Nationaltheater, das Nietzsche-Archiv, die Bibliothek der Anna Amalia, der Frauenplan, das schmucke Rathaus und so weiter. Wer einmal mit dem Zug hierhin gereist ist, wird sich zudem an den Hauptbahnhof erinnern, der, wenn man die eher leidlich charmanten Hauptbahnhöfe der Republik von Gelsenkirchen bis Görlitz gewohnt ist, selbst ein ansehnlicher sogenannter „Kulturbahnhof" ist: Hier liegen in der unvermeidlichen Bahnhofsbuchhandlung neben Sebastian Fitzek, Martin Suter und Konsorten etliche Kopien von Goethes *Faust*, Schillers *Balladen* und Thomas Manns *Lotte in Weimar* aus. Man darf sich fragen, ob die Bestsellerlisten des Landes genauso aussähen wie heute, schmückte sich jede Stadt bereits in der Bahnhofshalle mit ihren berühmtesten Repräsentanten und Bewunderern.

Über das kulturelle und geistige Zentrum einer ganzen Epoche hinaus steht Weimar aber für noch mehr, für die demokratischen Hoffnungen des deutschen Volkes wie für die sich daraus alsbald entwickelnden dunkelsten Seiten seiner Geschichte. Von hier aus wurde sie verkündet, die erste Republik, nach dem Ort ihrer Ausrufung die Weimarer Republik genannt. Und von hier aus wurden Kolonnen von in der Zeit des Nationalsozialismus verfemten Menschengruppen, Sinti, Roma, Kommunisten und vor allem Juden in Richtung des Ettersbergs und seines Konzentrationslagers Buchenwald getrieben. Der Blick auf den nach 1945 nicht abgerissenen

Wachturm von der Landstraße aus kündet von den unbegreiflichen und unvergänglichen Verbrechen der Deutschen gegen die Menschlichkeit. Auch das ist Weimar.

Anreise und Mobilität

Viele Wege führen nach Weimar, so viel steht fest. Die Anreise mit dem Auto ist vielleicht nicht unbedingt die erste Wahl. Zwar bekommt man so bei der Fahrt über die Bundesstraßen einen ersten Eindruck der agrarischen geprägten, zum Wandern einladenden Landschaft rund um die Stadt. Über die A4 ist eine problemlose Anreise mit dem Auto möglich - zumal die Autobahnen Thüringens in Großteilen neu ausgebaut und meistens recht frei sind. Die B7 und B85 führen zudem direkt durch die Stadt. Innerhalb der Stadt wird die Mobilität zu Fuß oder mit dem Rad gefördert. Zwar lässt sich auch mit dem Auto direkt in den Stadtkern fahren, empfehlenswerter ist es aber, etwas außerhalb zu parken und den Weg zu Fuß oder mit dem Rad zu nehmen – nur mit dem Kopfsteinpflaster sollte der geneigte Radfahrer aufpassen. Die Buslinien Weimars sind die erste Wahl für die Bewegung innerhalb der Stadt. Ganze neun Buslinien gibt es; für 29,90 Euro kann man im Vorverkauf eine „Weimar-Card" erwerben, die die Fahrt mit allen Linien für 48 Stunden garantiert.

Noch bequemer ist die Anreise mit dem Zug oder Fernbus. Da Weimar im Herzen Deutschlands liegt, ist die Stadt aus allen Himmelsrichtungen erreichbar. Mit dem Zug ist mit nur wenigen Umstiegen jederzeit eine Anreise – auch eine spontane für einen Kurzurlaub! – möglich. Fernbusse fahren Weimar direkt an aus Düsseldorf, München, Hamburg, Berlin und vielen anderen (auch kleineren) Städten. Gerade diese Variante ist die, die das Portemonnaie am meisten schont.

TATJANA BERGHAUS

Leben in Weimar

Weimar ist mit Sicherheit nicht bekannt als die pulsierende Stadt, die niemals schläft. Auch nicht als eine solche, in der sich eine riesige Clublandschaft erkunden ließe oder eine, die besonders schnelllebig ist. Dennoch: Das Leben in Weimar ist alles andere als langweilig, und dass viele Studenten aus Erfurt oder Weimar ihren Wohnort und damit Lebensmittelpunkt in Weimar haben, spricht schon Bände über das Leben in der Stadt. Generell ist Weimar eine Stadt der Kontraste; hier leben nebeneinander gutbürgerliche, ältere Menschen oder Familien in den äußeren

Bezirken wie Ehringsdorf neben einem jungen studentischen Publikum, das mitunter an den hiesigen Universitäten studiert oder schlicht hier lebt und arbeitet. Dieser Kontrast, wenn man davon überhaupt sprechen möchte, ist ein bereichernder. Die vielfältigen Kulturangebote (dazu weiter unten mehr) stehen neben den weiteren Ausgehmöglichkeiten der Stadt ganz selbstverständlich. Man wird sowohl in den Kneipen Weimars als auch im Deutschen Nationaltheater oder in den Museen ein ebenso gemischtes Publikum antreffen. Ein ‚Altenteil' ist Weimar trotz seiner eher mittleren Größe von etwa 65.000 Einwohnern weiß Gott nicht! Allein das Stadtbild, das eine Mischung aus klassischen und modernen Bauhauselementen zur Schau stellt, zeugt davon.

Fragt man in den ‚alten' Bundesländern danach, wie denn der thüringische Dialekt klinge, bekommt man häufig zu hören: wie Sächsisch light. Das tut dem Thüringischen sicher unrecht. Auch in Weimar hört man häufig Menschen miteinander auf Thüringisch reden, vornehmlich ältere. Wichtigster Bestandteil des Dialekts ist dabei ohne Zweifel der Partikel „Nor", der so ziemlich alles bedeuten kann, was sich nur vorstellen lässt. Dieses Wörtchen wird benutzt zum Anzeigen von Zustimmung als „genau", als Frageverstärker à la „oder nicht?" oder als schlichtes Füllwörtchen, dem sächsischen „Nu" nicht unähnlich. Wer die Ohren offen hält, wird also mit etwas Glück Gesprächen lauschen können, die aus nichts anderem bestehen als „Nor?" – „Nor!". Das mag etwas übertrieben sein, aber nach einiger Eingewöhnung in die einzigartige Klangfarbe des thüringischen Dialekts, kann man selbst ja einmal versuchen, wie gut man in der Lage ist, diesen zu imitieren – am besten in einer entsprechenden Situation, etwa wenn es darum geht, ein typisch thüringisches oder ostdeutsches Produkt von Rostbratwurst bis Soljanka zu bestellen.

In Weimar ist man naturgemäß besonders stolz auf die kulturellen Errungenschaften des Landes. Man hat beim Gespräch mit Thüringern generell das Gefühl, dass hier ganz anders als in vielen anderen Landstrichen geschaut wird auf das kulturelle Erbe, das in Thüringen und anderen ‚neuen' Bundesländern einem auf Schritt und Tritt begegnet; Luther-Denkmäler, Bach-Kirchen, Emaille-Schilder an Häuserfassaden, die auf berühmte Bewohner vergangener Zeit hinweisen – man bekommt einen ziemlich präzisen Eindruck dieses mit ‚Stolz' nur unzureichend beschriebenen Gefühls. Im weiteren Text soll also versucht werden, diesen Stolz auf das kulturelle Erbe des Landes und der Stadt Weimar insbesondere nachzuvollziehen, der wohl seinen vorzüglichsten Ausdruck im Deutschen Nationaltheater findet, dessen Name allein durch seinen Klang eine große Würde ausstrahlt.

Ausgehen

UNTERHALTUNG

DNT

Überhaupt, das Deutsche Nationaltheater in Weimar. Kaum ein Buch über Weimar, Thüringen, die deutsche Klassik generell, die deutsche Kulturnation oder Goethe und Schiller kommt aus ohne den entsprechenden Umschlag, auf dem der Druck einer Fotografie oder einer Darstellung der weltberühmten Doppelstatue der größten Schriftsteller deutscher Sprache prangt. Und so ist sie ein beliebtes Fotomotiv und unabdingbarer Bestandteil jeder Sightseeingtour!

Mit festem Blick schauen die ziemlich besten Freunde der deutschen Literatur- und Geistesgeschichte in die Ferne. Der eine, der staatstragende und ernste Geheimrat Johann Wolfgang von Goethe, trägt in seinen Händen den aus Lorbeer geflochtenen Siegeskranz des Olympiers, der er ohne Zweifel war und in seinen Werken noch immer ist; der andere hingegen, der ungestümere Friedrich Schiller, trägt in seiner Linken eine papierne Rolle, auf die er womöglich soeben mit spitzer Feder und hastig dahingekritzelter Tinte seinen jüngsten Balladenentwurf verfasst hat.

Wie sie dastehen, wie der Zeit widerstehend aus fleischlicher Form in Bronze gegossen, erscheinen sie tatsächlich als die alles überstrahlenden Überväter der Kulturnation Deutschland. Doch wirft man einen genaueren Blick auf die beiden oxidierten, überlebensgroßen Abgötter, fallen markante Unterschiede zwischen den beiden Freunden auf.

Da wäre zum einen die Körpergröße, die natürlich gemäß der intendierten Vergrößerung ihrer Rolle idealisierend ausfällt. Nur wer weiß, dass Goethe eher von gedrungener kleiner Gestalt war, während Friedrich Schiller die meisten seiner Zeitgenossen um einen halben Kopf überragte, wird bei ihrem Anblick schmunzeln müssen. Ganze elf Zentimeter größer war der Württemberger. Weiter fällt auf: Goethe trägt den Lorbeerkranz augenscheinlich alleinig in den Händen. Doch halt, Schiller hält seine Linke ebenfalls auf ihn. Beiden wird so die Ehre der „Bekränzung" zuteil. Und ihre Kleidung? Sollte man nicht erwarten, dass beide, ihrer Zeit und Bedeutung gemäß, in strengem Rock mit hartem Kragen gezeigt werden, beinahe uniform? Mitnichten, Goethe ist tatsächlich angetan mit der Bekleidung eines Staatsbediensteten, geschlossene Weste, Halstuch, enger Frack.

Und Schiller? Hätte man nicht erwarten können, dass Goethe in der Kluft seines Werthers gezeigt würde, à la Mode des Sturm und Drang, dem Goethe mit seinem Briefroman seinen unauslöschlichen Stempel aufdrückte? Doch auch hier weit gefehlt! Diese Rolle nimmt Friedrich Schiller ein. In zerknitterter Weste, mit offenerer Brust als sein Nebenmann, der Mantel lang und wallend und etwas lässig nach unten fallend. So muss er gezeichnet (und gegossen) werden, der Dichter der Freiheit, der Dichter der Freundschaft, derjenige, der schrieb: „Göttern kann man nicht vergelten/schön ists ihnen gleich zu seyn." Als wäre das alles der

Symbolträchtigkeit nicht genug, steht hinter beider Rücken versteckt der sich im Schatten der Titanen kaum empor wagende Eichenstamm – unzweifelhaftes Nationalsymbol des Deutschen. Und es konstituiert diesen Ort als einen von deutscher Art. Goethe, der das Theater seit 1791 leitete und dieses Amt innehielt bis 1817 – eine nach damaligen wie heutigen Maßstäben beeindruckende Leistung, gerade in Anbetracht der vielen klugen Geister und ergo Konkurrenten am Weimarer Fürstenhof –, brachte diese Institution zu einem Glanze, der seinerzeit keinen Vergleich zu fürchten hatte.

Der große Schauspieler der Goethezeit, August Wilhelm Iffland, feierte hier seine Premieren, ebenso wie ein aufstrebender Dramatiker wie August von Kotzebue, den die Geschichte mehr als Mordopfer erinnert, das den Herrschenden Anlass gab, die Presse zu zensieren und die Rechte der Freidenker und -schreiber zu stutzen.

Ernst Rietschel, der Erschaffer des Doppeldenkmals, wusste was er tat, als er in Dankbarkeit „Das Vaterland" als letzte Zeile in die Metallgravur des Sockels schleifen ließ. So fern diese Epoche uns scheinen mag, so fern die Diktion, das Sprechen vom

„Vaterland" (das es gar nicht gab in jener Zeit), das Deutsche Nationaltheater Weimar spiegelt in seinem Spielplan seit eh und je die große Verbundenheit zu den größten Leistungen der kreativen Köpfe vergangener Jahrhunderte wider, ebenso wie die Offenheit und Zukunftszugewandtheit, die Weimar als Stadt generell kennzeichnen.

Angekündigte Premieren für das Jahr 2020 müssen sich nicht verstecken hinter den großen deutschsprachigen Schauspielhäusern von Berlin bis Wien; moderne Produktionen wie „Junk/7 Minuten" von Ayad Akhtar oder die große Romeo-und-Julia-Variation „West Side Story" von Leonard Bernstein stehen neben Goethes „Urfaust" und Shakespeares „Wie es euch gefällt". Besonders hervorzuheben ist dabei, dass jede Art von Bildungshuberei dem ehrwürdigen Hause fernliegt. Wer im Frack kommt, kommt eben im Frack, wer den Hoodie bevorzugt, trägt den Hoodie. So finden Alt und Jung auf dem roten Teppich des Theaters zueinander. Dabei besticht das DNT nicht nur mit seinem feinen Schauspielplan. Als Spielstätte der Staatskapelle Weimar werden auf den Brettern, die die Welt bedeuten, zudem Opern wie Operetten, Symphonien und

Tanztheater zur Vorstellung angeboten. Besonders erwähnenswerte prominente Namen für das Jahr 2020 sind da wohl Paul Dessau mit seiner Version des „Lanzelot" sowie Claudio Monteverdis „Die Heimkehr des Odysseus" und Richard Strauss' „Ariadne auf Naxos".

Bestechend ist zudem, dass es hier so etwas wie die sprichwörtlichen ‚billigen Plätze' nicht gibt. Ob Parkett oder Logenplatz, die Sicht auf die Bühne bleibt unverstellt und klar, der Klang ist überall hervorragend und deutlich. Beides Eigenschaften des Hauses, deren Erfüllung nicht jedes Theater der Bundesrepublik für sich in Anspruch nehmen kann. Die Kartenpreise variieren jedoch naturgemäß; von Premierenkarten für rund 55 Euro (für die teuersten Plätze bei Oper-Premieren) bis zu 9,50 Euro (!, das Ausrufezeichen sei hier unbedingt gesetzt) für Studenten, selbst bei Premierenrestkarten. Dass sich das kleine Land Thüringen um seine Studentenschaft nicht hinreichend kümmert, gerade in Bezug auf kulturelle Angebote, lässt sich nun wahrlich nicht behaupten.

Lichthaus

„I must slow down now, which is why I'm taking what I like to call a ‚leave of presence'." Der US-amerikanische Filmkritiker Roger Ebert ist wohl Zeit seines Lebens nie nach Weimar gekommen. Hätte er der Stadt aber einen Besuch abgestattet und das getan, was er am liebsten tat, nämlich Filme im Kino zu schauen, keine bessere Adresse hätte sich ihm geboten, als das Lichthaus. Schon der Name des kleinen Programmkinos gemahnt an Zeiten, in denen Menschen mit größeren Augen dem Treiben auf der Leinwand der ‚Lichtspielhäuser' folgten, bevor der Siegeszug der Multiplexkinos mit ihrem durchkommerzialisierten Anspruch begann.

Das Lichthaus Weimar ist dabei ein wunderbares Beispiel für die lebendige Kinolandschaft Thüringens. In einem alten umgebauten Straßenbahndepot unweit des Hauptbahnhofs gelegen, spricht einen schon beim Eintritt ein ganz besonderer Charme an, den man so selten findet; die Gemäuer aus Backstein sind alt und wirken auf den ersten Blick notdürftig renoviert und instand gehalten; das moderne Foyer mit seinem Fachwerkimitat und dem dunklen Tresen fallen etwas aus dem Bild; digitale Anzeigen sucht man hier vergebens, das Filmprogramm der Woche kündigen alleinig die beklebten A2-Filmposter an.

Und dann erst der Kinosaal! Ist das ein Baucontainer, aus dem heraus der Projektor die Bilder auf die, das Backsteingemäuer nur notdürftig verhängende, Leinwand wirft? Und welche Plätze habe ich eigentlich? Warum stehen da weder Reihe noch Platz auf der Eintrittskarte? Nun, statt samtbeschlagener Edelsessel besticht das Lichthaus Weimar mit durchgehaltener Rustikalität, und so gibt es stattdessen ein Ensemble aus Sofas, Sesseln und Chaiselonguen, die als Kinoplätze dienen. Das alles ist von bestechender Liebenswürdigkeit und Konsequenz, dass man dieses Kino einfach lieben muss.

Das Programm lässt sich – der Scherz sei erlaubt – selbstredend sehen. Neben Arthouse- und Independentproduktionen wie dem neuen Roman-Polanski-Film „Intrige" (der auch im Original als „J'accuse" gezeigt wird), werden hier Oscarpreisträger wie „1917" und „Jojo Rabbit" gezeigt.

Darüber hinaus hat das Kino immer wieder Stummfilme im Programm, die teils mit Livemusik untermalt, gezeigt werden. Für solche speziellen

Vorführungen ist das Lichthaus Weimar eigentlich immer eine grandiose Adresse; im März gezeigt werden etwa Buster Keatons Stummfilme „One Week" und „Steamboat Bill Jr.", live musikalisch begleitet von Klavier und Oboe.

Aller glorreichen Kino-Nostalgie zum Trotz, die Annehmlichkeiten des 21. Jahrhunderts lässt das Lichtspielhaus dann nicht vollends an sich herüberziehen – online reservieren ist problemlos über die gut handhabbare Website möglich. Die Preise pro Vorstellung bewegen sich im sehr moderaten Rahmen von 5,50 Euro bis 7,50 Euro.

Wer zur rechten Zeit kommt, hat außerdem die Möglichkeit, im nicht weit entfernt gelegenen e-Werk das Open-Air-Kino des Lichthauses zu genießen. Gezeigt werden, sobald es dunkel genug geworden ist, zumeist Klassiker der Filmgeschichte in fantastischer Atmosphäre. Wer also nach einem Tag voll Pflastertreten in Weimar nicht noch die Tanzschuhe anziehen und ausgehen, sondern einen ruhigen Abend in einmaliger Atmosphäre genießen möchte, der sollte unbedingt das Lichthaus besuchen – für jeden Kino-Aficionado gilt das natürlich sowieso.

Bauhaus

Das Bauhaus als stilprägende und weit über Deutschland hinausreichende Bewegung von Architekten, Künstlern und Designern ist das zusätzlich zum Gedenkjahr 1919 wohl größte Aushängeschild der Stadt. Der Name, den die meisten Menschen mit dem Bauhaus als Bewegung verbinden, ist dabei unzweifelhaft dieser: Walter Gropius. Gropius folgte einem anderen bekannten Namen der Bewegung, Henry van de Velde, auf seinem Direktorposten der Hochschule für Bildende Kunst in Weimar. Unter seiner Ägide wurde der Name der Institution wie auch ihre ganze Gestalt und Gestaltung Gropius' Vorstellung eines „Zurück zum Handwerk" umgestaltet; alle mit den Händen Tätigen, vom Architekten bis zum Bildhauer, sollten sich ihrem Handwerk dergestalt zuwenden, dass sie die Funktionalität und die Fokussierung auf den Gebrauch in den Händen der Menschen in den Mittelpunkt ihres Schaffens stellen sollten. Die Nationalsozialisten sollten dem als „marxistisch-kommunistisch" gebrandmarktem Bauhaus schließlich unter Gropius' Nachfolger Ludwig Mies van der Rohe den Garaus machen.

Ganze drei Objekte des Bauhauses sind auf der UNESCO-Welterbeliste vertreten. Das berühmteste und im Stadtbild auffälligste Objekt ist dabei das Gebäude der Bauhaus-Universität. Henry van de Velde, einer der Bauhaus-Pioniere schlechthin, entwarf den Bau beziehungsweise baute ihn ab 1904 bis zur endgültigen Fertigstellung 1911 um. Wer die beeindruckende Fassade, die interessante Farbgebung und Wegweisergestaltung oder die große Wendeltreppe, die als Hauptmerkmal des Inneren des Gebäudes gilt, anschauen oder anstaunen möchte, kann jederzeit durch die Räume des Hauses wandeln. Im Erdgeschoss am Aufgang der Wendeltreppe befindet sich zudem Auguste Rodins Plastik „Eva"; die Darstellung der ersten Frau versinnbildlicht in gewisser Weise die ersten Reaktionen auf das Konzept des Bauhauses – genauso wie Rodins Skulptur wurden Gropius und seine Ideen angefeindet, als unverständlich und verschroben erklärt, aber auch bewundert, verehrt und als visionär eingeschätzt.

Den Universitätsgebäuden weiter folgend, gelangt man unweigerlich zur ehemaligen Kunstgewerbeschule. Ebenfalls im frühen 20. Jahrhundert von Henry van de Velde entworfen, steht auch dieses bis 2010 grundsanierte Gebäude für den Reichtum der Formen des Bauhauses. Sogar die ansonsten unter Bauhäuslern eher verpönte Dekoration in Form dreier Wandmalereien des Künstlers Oskar Schlemmer lassen sich hier entdecken; Schlemmer war es übrigens auch, der das im Zuge des Jubiläumsjahres 2019 noch häufiger anzutreffende Bauhauslogo, ein stilisiertes Gesicht auf schwarzem Grund, entwarf.

Was bereits auffällt beim Lesen dieser Zeilen: Keines der bisher genannten Häuser wurde ursprünglich von einem Bauhausarchitekten von Grund auf entworfen. Das Hauptgebäude der Bauhaus-Universität wie auch die ehemalige Kunstgewerbeschule stellten bereits existierende, umgewidmete Liegenschaften der Stadt dar. Nur ein einziges Haus in Weimar kündet von den architektonischen Vorstellungen der Bauhaus-Pioniere, nämlich das sogenannte Haus am Horn (nach der Adresse Am Horn 61 benannt). Nach einem Konzept des geborenen Sachsen-Anhaltiners Georg Muche im Jahre 1923 gebaut, ist es alleiniger Zeuge der architektonischen Vorstellungen seiner Zeit. Anders als in Berlin, Dessau oder Löbau – den weiteren Hotspots der Bewegung – bleibt Weimar diesbezüglich also hinter den vielleicht vorherrschenden Erwartungen hinterher. Unweit von Goethes Gartenhaus sollte hier eine ganze Siedlung solcher Häuser entstehen; viele Weimarer liefen Sturm gegen die Pläne, in direkter Nähe zum Erholungsort des großen Klassikers eine Reihe dieser schmucklosen Winzhäuschen zu bauen. Wer nicht voll der Empörung ob dieses Gebarens der jungen wilden Architekten war, der konnte sich ein Grinsen über diese Neuartigkeit wahrscheinlich nicht verkneifen. Noch heute wirkt das Haus am Horn etwas verloren und mag sich nicht recht einfügen in seine grüne Umgebung. Wer allerdings weiß, auf welch gewaltige Weise das Bauhaus und seine Vorstellungen bis heute Architektur und Wohnen beeinflusst, der mag an diesem Haus ablesen können, mit welchem zukunftsträchtigen Blick ein Vertreter wie Georg Muche auf das künftige Wohnen schaute.

Die Frage im Anschluss an die Besichtigung dieses Hauses könnte selbstverständlich lauten: Und wie genau wohnten die Bauhaus-Vordenker selbst? Tatsächlich lassen sich die Wohnungen Georg Muches, Oskar Schlemmers, Johannes Ittens, László Moholy-Nagys und Walter Gropius' sowie die der mit dem Bauhaus assoziierten Künstler Paul Klcc und Wassily Kandinsky entdecken. Am besten nimmt man für diese ausführliche Entdeckungsreise eins der Angebote der Stadt an: Auf Deutsch, Englisch, Französisch oder Spanisch werden Führungen zum frühen Bauhaus angeboten, die etwa zwei Stunden dauern und für Gruppen bis 25 Personen 105 Euro kosten. Eine studentische Initiative zur Entdeckung des Bauhauses ist der sogenannte Bauhaus-Spaziergang, den die Studenten der Bauhaus-Universität organisieren. Bei einem kleinen oder großen Bauhaus-Spaziergang – je 90 oder 120 Minuten lang – lassen sich von den angehenden Nachfolgern Walter Gropius' und Co. die Besonderheiten, Vorzüge und Nachteile des Bauhauses erklären. Tickets kosten für Erwachsene 7 beziehungsweise 12 Euro, für Kinder bis 14 Jahren sind sie sogar kostenfrei.

KULTUR

Museen

Bei aller Prominenz, die in der Vergangenheit durch die Straßen Weimars schlenderte und ihre Spuren in Form von Museen oder Denkmälern hinterlassen hat, der natürliche Startpunkt jeder Stadterkundung ist das Stadtmuseum. Das Stadtmuseum Weimar hat eine gemäß seiner Geschichtsträchtigkeit besondere Bandbreite an Ausstellungen und Themen zu bieten.

Wie so viele Institutionen der Stadt stammt auch das Weimarer Stadtmuseum aus der „Goldenen Zeit" des Großherzogtums von Sachsen-Weimar-Eisenach. Das 1803 fertiggestellte Gebäude trägt den Namen seines Finanziers und bekannten Bürger der Stadt, Friedrich Justin Bertuch. Seit es Mitte der fünfziger Jahre in den Besitz der Stadt überging, hat das Museum ein einzigartiges Profil entwickelt. Seit ganzen sechs Jahren ist im zweiten Obergeschoss des Hauses eine Dauerausstellung zu „Demokratie aus Weimar. Die Nationalversammlung 1919" zu sehen (die im Zuge der Jahrhundertfeierlichkeiten im letzten Jahr naturgemäß einen enormen Popularitätsschub erhielt). Erzählt wird hier die Geschichte der Weimarer Nationalversammlung, die vom 6.

Februar 1919 in Weimar tagte; die Gruppe um den sozialdemokratischen Ministerpräsidenten Philipp Scheidemann (darauffolgend: Gustav Bauer) hatte sich wohlweislich für Weimar als Tagungsort und nicht für das umkämpfte Berlin entschieden. Den Einfluss dieser konstituierenden Versammlung spüren wir bis heute, am deutlichsten vermutlich aufgrund der Flaggenfrage; die Grundlage für das Schwarz-Rot-Gold der früheren Freiheitsbewegungen wurde hier beschlossen, zuungunsten der Farben Schwarz, Weiß und Rot. Nach 1945 ließ sich an diese Tradition der ersten demokratischen Republik, die Weimars Namen getragen hatte, anknüpfen.

Während das zweite Obergeschoss also die Geschichte ab Gründung der Weimarer Republik nachzeichnet, wird im Erd- und ersten Obergeschoss die Geschichte der Stadt von der Goethezeit bis zum Jahre 1989 und damit der Wiedervereinigung beschrieben. Sage und schreibe rund 100.000 Exponate bietet das Museum auf, um die Besucher in seinen Bann zu ziehen. Besonders hervorzuheben ist dabei die Bedeutung der Textil- und Modemagazinsammlung des Bertuchhauses, die über die Grenzen des Bundeslandes hinaus bedeutsam ist. Im Jahr

2020 kommen darüber hinaus etliche Sonderausstellungen hinzu. So werden ab dem 24. Januar Dokumente, Berichte und Exponate rund um den „Kapp-Lüttwitz-Putsch in Thüringen" gezeigt, womit in gewisser Weise die Dauerausstellung über die Republikgründung fortgeschrieben wird. Nicht minder interessant scheint die lange Ausstellung der Fotografien eines US-Soldaten während des Zweiten Weltkriegs in Deutschland. Die Bilder Tony Vaccaros werden vom 4. April bis zum 19. Juli gezeigt.

Mindestens an zweiter Stelle muss bei einer Übersicht über die Museen der Stadt das Goethehaus direkt am Frauenplan, dem zentralen Platz der Stadt, genannt werden. Beinahe 50 Jahre seines Lebens verbrachte der größte Dichter der Deutschen in diesem Haus in Weimar, das heute den Namen Goethe-Nationalmuseum mit Wohnhaus trägt. Das barocke Haus trägt noch die Züge der Umbauten, die Goethe selbst veranlasste, wenngleich der Zweite Weltkrieg und die Bombardierung Weimars teils erhebliche Renovierungsleistungen unumgänglich machten. Derzeit erschließt die Ausstellung „Lebensfluten – Tatensturm" Goethes Schaffen und Leben. Die vielen verschiedenen Räume des Hauses – Fotografien durch die vielen Türen hindurch bilden ein beliebtes Postkartenmotiv – von Arbeits- bis Sterbezimmer künden von einem unvergleichlichen Tausendsassa, der sich in der Dichtung ebenso heimisch fühlte wie in der Botanik, der mit physikalischer Farbenlehre Newton herauszufordern trachtete und der als Geheimer Rat in Staatsdiensten diplomatische Aufgaben und Reisen übernahm.

Wer im Anschluss an die Besichtigung des Wohnhauses Goethes stilecht seine Tour durch die Museen fortführen möchte, der muss nur einige Zeit durch den Herzogenpark an der Ilm spazieren, um zur Herzogin Anna Amalia Bibliothek zu gelangen, ein weiteres Wahrzeichen der Stadt. Anna Amalia, Herzogin von Sachsen-Weimar-Eisenach und Frau Carl Augusts, förderte den Bau und Bestand der Bibliothek, die schon seit dem 18. Jahrhundert zu Deutschlands berühmtesten gehört. In neuerer Zeit hatte das Haus jedoch einen schweren Schicksalsschlag zu verkraften: Am 2. September 2004 brannte die Bibliothek lichterloh; die dem Brand folgenden Löscharbeiten konnten 35 Gemälde und über 100.000 Druckerzeugnisse teils alter Zeit nicht retten. Pünktlich drei Jahre nach dem Brand, im Jahr

2007, konnte die Bibliothek allerdings wiedereröffnet werden. Noch jetzt zeugt eine frei zugängliche Ausstellung über die Brandschäden und die Restaurierungsmaßnahmen eindrucksvoll, welcher Schaden materieller und ideeller Art das Feuer für die Bibliothek und die Stadt war. Es lässt sich in der Bibliothek dabei ganz normal arbeiten, kleinen Besucherkontingenten werden aber auch Einblicke in den wahrlich beeindruckenden Rokokosaal gewährt – hier gilt es, früh zu sein - pro Tag werden bloß rund 70 Eintrittskarten verkauft!

Sollte der geneigte Stadtbesucher noch tiefer eintauchen wollen in die Geschichte der Stadt im 18. und 19. Jahrhundert, bieten dafür das Nietzsche-Archiv und das Liszt-Haus Gelegenheit. Das erstgenannte Haus, das der bettlägerige und zunehmend psychotischere Philosoph in seinen letzten Lebensjahren bis zu seinem Tod im Jahre 1900 mit seiner Schwester Elisabeth Förster-Nietzsche bewohnte, wurde von Henry van der Velde, einem der bedeutendsten Bauhaus-Künstler (wie bereits erwähnt), umgestaltet. Somit ist das Nietzsche-Archiv heute aus zweierlei Gründen eine Besichtigung wert - zum einen aufgrund der hochinteressanten Architektur (vor allem der Innenarchitektur), zum anderen als Haus, das Portraitdarstellungen des siechenden Nietzsches mit Dokumenten, Fotos und Andenken der Schwester an ihren ‚großen' Bruder ausstellt. Nietzsches Schaffen und seine Wirkung ab 1900 werden in einem kleinen Museum im Haus dargestellt. Franz Liszts Sommerresidenz derweil ist für Weimar von nicht minder herausragendem Interesse, leiht der aus dem Habsburgerreich stammende Musiker doch der hiesigen renommierten Musikschule seinen Namen. Ganze 18 Jahre lang, von 1843 bis 1861, war Liszt Kapellmeister der Stadt und prägte ihr Bild als Hochstätte des Geistes und der Kultur. Die in Kooperation mit genannter Musikhochschule sowie der Bauhaus-Universität entstandenen Ausstellungen bezeugen die Wirkung des Klaviervirtuosen in musikalischer Hinsicht, beleuchten aber auch seine Religiosität und seinen pädagogischen Eifer.

Nicht eigentlich mit einem Museum zu tun hat man es mit der Stadtkirche Sankt Peter und Paul – und in gewisser Weise hat sie doch einen musealen Charakter, der vor allem auf ein weltberühmtes Tryptichon zurückzuführen ist. Aber der Reihe nach.

Die Stadtkirche Sankt Peter und Paul wird man auch unter dem Namen „Herderkirche" finden; die um 1500 nach einem schweren Brand restaurierte Kirche war Johann Gottfried Herder, einem des „Viergestirns" des klassischen Weimar, geistliches Heim, vor allem aber Ort seiner Anstellung als Generalsuperintendent. Ein, Mitte des 19. Jahrhunderts, errichtetes Denkmal erinnert an Herder und sein Wirken vor Ort. Im Zweiten Weltkrieg zwar weitgehend zerstört, wurde mit dem Wiederaufbau der Kirche relativ rasch nach 1945 begonnen. Heute besticht das verhältnismäßig kleine Kirchenschiff aber durch die vielen historischen Einordnungen, zudem wurden alte Bausubstanz oder – sofern erhalten geblieben – Heiligendarstellungen reintegriert. Hauptattraktion der Kirche ist aber das bereits angedeutete Altarbild Lucas Cranachs des Jüngeren. Es stellt eine Meisterleistung der Malkunst und christlichen Symbolik seiner Zeit dar und ist auch ohne Führung oder kunstwissenschaftliche Expertise mit ausliegenden Hinweisen und Erläuterungen zu entschlüsseln und zu genießen.

Clubs

Kein Wunder, falls der Besucher der Stadt nach einem so ausführlichen kulturellen Programm seinen Abend etwas entspannter gestalten möchte. Auch dazu bietet Weimar Gelegenheit.

Zwar ist die Clubszene der Stadt gerade im Vergleich mit jener Erfurts oder Jenas nicht ganz derart ausgeprägt, einige Adressen seien hier aber dennoch genannt. Allen voran die Musikkneipe „Beatcorner" ist zu erwähnen. Fast jedes Wochenende finden hier in urigem Ambiente Konzerte oder Tanzabende statt. Gerade, wer die 70er und 80er Jahre noch selbst miterlebt hat, wird begeistert sein.

Jüngere Semester fühlen sich vielleicht noch heimischer im „Uhrenwerk". Dort findet eine Vielzahl von Partys in moderner Szenerie statt; von Après-Ski-Hits bis zur 90er- und 2000er-Party lässt sich hier das Tanzbein schwingen.

Ebenso im Studentenclub Kasseturm, das einen breiten Genregeschmack an Konzerten bedient. Jazz, Post-Punk, Metal, Blues – und zudem viele lokale und regionale Künstler feiern hier mit dem Publikum bis spät in die Nacht. Selbiges gilt für den C.Keller Markt 21 (das C. steht dabei für „Citizen").

In etwas kleinerem Rahmen, dafür mit jeder Menge Charme, gibt es neben Electrobeats und Oldies eigentlich alles zu hören (und das Beste: Neue DJs und solche in der Mache sind jederzeit herzlich willkommen, in Absprache mit dem Team des C.Kellers aufzulegen.). Die Bar des Hauses öffnet täglich ab 21 Uhr.

Weimarer Land
Wem nach dem langen Tanzabend der Sinn nach frischer Luft steht oder wer einfach den anhaltenden Kater wirksam bekämpfen möchte, der sollte am Folgetag unbedingt eines (oder mehrere) der Weimarer Schlösser besichtigen.

Das Stadtschloss samt Kunstmuseum wird derzeit bis 2023 leider renoviert und ist nicht begehbar, jedoch ist es allein als beeindruckendes Monument schon den kurzen Spaziergang ins Stadtinnere wert. Hier residierten die Herzöge von Sachsen-Weimar-Eisenach, hier lebten sie und hielten Hof, und dem Bau sieht man seine fünfhundertjährige Bauzeit kaum an. Ein Brand im 18. Jahrhundert zerstörte das Schloss beinahe komplett; ab 1789 wurde es aber wiederaufgebaut. Ab 1835 wurden in einigen Zimmern Memorialräume eingerichtet, die an Christoph

Martin Wieland, Johann Gottfried Herder, Johann Wolfgang Goethe und Friedrich Schiller erinnern. Weiterhin hat hier die Klassik Stiftung Weimar, die das klassische Erbe der Stadt verwaltet, ihren Sitz.

Einen etwas ausgedehnteren Spaziergang kann man zum Schloss Belvedere unternehmen, der Sommerresidenz der Herzöge. Neben dem wunderschönen Barockbau der Gebäude samt Orangerie und Kavaliershäusern, wurde auch der angrenzende Park in herrlicher Weise gestaltet. In der Nähe der Anlage findet man zudem den Hauptbau der Hochschule für Musik Franz Liszt.

Etwas weiter entfernt liegt das Schloss Tiefurt. Wie der Name schon andeutet, liegt es nicht in unmittelbarer Stadtnähe, sondern im Stadtteil Tiefurt. Der Anblick des Schlosses, eher ein Schlösschen, erinnert dabei an den um 1800 beliebten italienisch-römischen Villenstil. Anna Amalia, die Ende des 18. Jahrhunderts eine ausgedehnte Italienreise machte, brachte von dieser einige, noch heute im Schloss Tiefurt ausgestellte, Kunstgegenstände mit. Es diente der Herzogin Anna Amalia als eine Art Landgut, auf dem sie Gäste empfing für literarische Gesprächsrunden und Gesellschaften. Und wenngleich einem der schmucke Stil der Inneneinrichtung mit seinen Bordüren und vielen gerahmten Holzstichen heutzutage etwas überladen oder fremd vorkommen mag, bildet er doch relativ authentisch den gehobenen Geschmack der adeligen Schicht jener Zeit ab. Wer mag, kann von Schloss Tiefurt aus auch den Maria-Pawlowna-Promenaden-Weg über zwei Kilometer bis nach Schloss Kromsdorf laufen, ein 1580 erbautes Renaissanceschloss.

Ebenfalls etwas außerhalb gelegen ist das Schloss Ettersburg. In der gleichnamigen Ortschaft gelegen, unweit ausgerechnet des Konzentrationslagers Buchenwald, hielt Anna Amalia auch hier Treffen musischer Zirkel ab. Auch Carl August, ihr Mann und Herzog von Sachsen-Weimar-Eisenach, nutzt dieses Haus als Jagdschloss (derer er mehr als zwei Dutzend in seinem Herrschaftsbereich besaß). Friedrich Schiller derweil fand hier ebenfalls die notwendige Ruhe, um sein klassisches Bühnenstück „Maria Stuart" nach einigem Kampf mit dem Material und seiner dramatischen Ausgestaltung zu vollenden. Das Schloss und seine angrenzende Parkanlage, die bei klarem Wetter einen fantastischen Blick gewährt, sind ganzjährig frei zugänglich.

Ganz generell bietet das, seinen Kern Weimar umgebende, Weimarer Land eine hervorragende Gelegenheit für Wanderausflüge ins Grüne. In südlicher Richtung liegt das Naturgebiet der Ilm-Saale-Platte. Diese ist besonders geprägt von Muschelkalkhängen und -erhebungen, die für diese Gegend typisch sind – und die besonders beliebt sind für den Weinanbau, wie hiesige Weine häufig bereits auf dem Etikett bekunden.

Die höchste Erhebung, der Singener Berg, lässt sich wunderbar zu Fuß umwanden und besteigen, gerade in Frühlings- oder Sommerzeiten, wenn die ihn umgebende Landschaft in voller Pracht blüht. Das zweite große Naturgebiet ist das Thüringer Becken.

Neben den auch hier typischen Erhöhungen fließen viele Flüsse durch diese Region, Wanderwege sind zumeist ausgeschildert oder lassen sich anhand der in der Weimarer Tourist-Information ausliegenden Karten leicht erschließen.

Eine weitere Möglichkeit bieten die sehr ausführlichen Anregungen auf der Internet-Präsenz der Stadt unter www.weimar.de; hier werden etwa die mit 28 Kilometern bereits eher für Fortgeschrittene oder Hartgesottene geeignete Goethewanderung von Weimar bis Großkochberg empfohlen oder der Lutherweg, dessen Gesamtstrecke insgesamt kaum fassbare 900 Kilometer durch ganz Thüringen umfasst (die selbstverständlich nicht auf einmal abgelaufen werden sollten). Unter www.lutherweg.de lässt sich eine für jeden Wandercharakter passende Route selbst abstecken und digital simulieren. Eine ähnliche Strecke wie der Goethewanderweg mit ganzen 26 Kilometern, umfasst der Drei-Türme-Wanderweg. Die drei Türme sind der Hainturm, der Carolinenturm und der Paulinenturm. Auf dem Weg zu diesen durchquert der Wandersmann oder die Wandersfrau eine ganze Reihe an, für den Thüringer Wald typischen, Misch- und Laubwäldern. Auch diese Route lässt sich dabei nach eigenen Fähigkeiten und Wünschen abkürzen und so bequem an die eigenen Wandervorstellungen anpassen.

Die naheliegendste Wahl für ausgiebige Spaziergänge bietet aber natürlich der Ilm-Park, den – wie der Name sagt – der Fluss Ilm durchfließt. Angelegt als Parkanlage zwischen Klassizismus und Romantik unter Einfluss des englischen Landschaftsgartenbaus, stieß Goethe höchstselbst 1776 den Umbau des schon zuvor bestehenden Areals an. Zum Dank überließ der größte Profiteur des Parks, Herzog Carl August, seinem Geheimrat Goethe ein Gartenhäuschen mitten in genanntem Park gelegen. Dieses lässt sich heute ganzjährig besichtigen, wie sowieso der 48 Hektar große Park zu ausgedehnten Erkundungen einlädt. Die ausladende Allee lässt den Park ab Betreten wie einen Repräsentationsbau wirken; leicht kann man sich Kutschen vorstellen, die über den breiten, festen Weg fuhren. Weiterhin zu besichtigen ist das Römische Haus, ein im klassisch-italienischen respektive römischen Stil angelegtes Gebäude mit dorischen Elementen. Diese künden von Goethes ausgedehnter Italienreise und den Anregungen, die er dort empfing, geht das Haus doch ebenfalls maßgeblich auf seine Pläne zurück. Besichtigen lässt es sich leider nur in den Monaten von Ende März bis Ende Oktober. Dann jedoch lassen sich sowohl Atrium als auch Speisezimmer und Blauer Salon des Römischen Hauses erkunden.

Zugleich dient es als Museum des Parks. Im Untergeschoss gibt eine kleine Ausstellung Auskunft über die weit zurückreichende Geschichte des Parks an der Ilm. Ebenfalls im Park gelegen ist Carl Augusts

Rückzugsort, das Borkenhäuschen. Der Name nimmt sich possierlich aus, und tatsächlich handelt es sich um ein ‚Häuschen', in dem der Herzog stille Stunden verbringen konnte. Das Borkenhäuschen ist zugleich der älteste erhaltene Bau des Ilmparks und somit auch von besonderem historischem Interesse. Besucher des Parks, die die Augen stets geöffnet nach allen Richtungen halten, werden außerdem eine Menge Details in der Parkanlage finden können, die nicht auf den ersten Blick offensichtlich sind. Da wäre zum einen die Schaukelbrücke, die den Ilmpark mit der Belvederer Allee auf der anderen Ilmseite verbindet; da wäre das erste europäische Shakespeare-Denkmal, das die damalige William-Shakespeare-Gesellschaft hier aufstellen ließ (Die Brüder Schlegel sowie Ludwig Tieck waren in Deutschland die größten Vorkämpfer des Engländers; ihre Übersetzungen der Werke Shakespeares sind die bis heute gültigen und am besten lesbaren.). Nicht nur der Dichter des „Hamlet" und „King Lear" wurde hier verewigt, auch Alexander Puschkin, Adam Mickiewicz und Sándor Petöfi sind in Form von Büsten zu finden. Weitere klassizistische Elemente, die von hoher Kunstfertigkeit der Erschaffer

künden, sind der Schlangenstein, das Löwenkämpf-
erportal und die Sphinxgrotte, weitere Details im
Parkareal, die zum Verweilen und Staunen einladen.
Ferner beeindruckend, obwohl während der alliier-
ten Luftangriffe auf Weimar im Februar und März
des Jahres 1945 weitgehend zerstört, ist das Tempelherrenhaus. Von diesem alten Versammlungsort,
den – kein Wunder! – auch Goethe mitentwarf, steht
heute einzig der vermutlich 1816 errichtete Turm.
Vormals war das Tempelherrenhaus als Orangerie
verwendet worden, der Herzog widmete es um und
verwandte es nunmehr zur Unterbringung seines
hochwohlgeborenen Besuchs. Es macht übrigens
keinen großen Unterschied, ob man den Park im der
Hochzeit des Frühlings oder Sommers oder in der
trüberen Jahreszeit besucht; bietet erstere den Vor-
zug, die ausführlichen Beete und Grünanlagen ge-
bührend würdigen zu können, schaffen in Herbst
und Winter die hohen Wipfel der kahlen Bäume sowie der von der Ilm sich in den Park schleichender
Nebel eine ganz und gar einzigartige Atmosphäre.

Bei aller Glorie der vergangenen Zeiten ist es un-
möglich, eine zentrale Gedenkstätte ganz Thüringens, ja womöglich der gesamten Bundesrepublik

Deutschland genauer zu beschreiben, die gerade diesem Ort des Geistes, der Hochkultur und des Adels einen starken, bitteren Kontrast bietet: das Konzentrationslager Buchenwald sowie sein Außenlager, das KZ Mittelbau-Dora. Auf dem Ettersberg – der Leser erinnert sich an den Namen des genannten Schlosses in der Nähe – ließ die SS ab 1937 das Waldgebiet auf einer gigantischen Fläche roden. Ziel war die Errichtung eines Konzentrations- und Arbeitslagers, das politische Gegner wie Kommunisten und Sozialdemokraten, aufgrund der Rassenvorstellungen des NS ausgestoßene wie Juden, Sinti und Roma sowie Homosexuelle und Straftäter ‚beherbergen‘ sollte. Ausgerechnet die Kulturbehörde Weimars verwehrt sich gegen die anfangs gewählte Bezeichnung des Lagers als „K.L. Ettersberg" – aus dem „K.L. Ettersberg" wird das „K.L. Buchenwald". Es stößt vieles an, was in Folge in sämtlichen KZs im Reichsgebiet üblich werden sollte. 1938 wird hier der erste Flüchtige öffentlich vor den Inhaftierten gehängt. Ein Fanal, das die Verfügungsgewalt über das Leben der Inhaftierten und die Allmacht des nationalsozialistischen Regimes im Allgemeinen und der Lager-SS im Besonderen exemplarisch zum Ausdruck bringen soll. Währenddessen lassen sich die Schergen der SS um Hauptscharführer Werner Fricke, einem glühenden Nationalsozialisten der ersten Stunde und erstem NS-Landesoberhaupt ab 1930 in Thüringen, nicht nehmen, ihre Familien einzuladen und im idyllischen Kleinobringen, wo eine SS-Siedlung für die ‚Beschäftigten' errichtet worden war, zu dinieren und ihre Freizeit zu genießen.

Dann, im August des Jahres 1943, entsteht das Außenlager Dora. Geplant ist, dieses für die unterirdische Raketenproduktion zu nutzen. Die Häftlinge werden gezwungen, einen Stollen anzulegen. Beinahe 3.000 kommen dabei ums Leben. Im folgenden Jahr wird der Vorsitzende der KPD, Ernst „Teddy" Thälmann, im KZ Buchenwald erschossen. Im Januar 1945 beginnen im bitterkalten Winter die sogenannten Todesmärsche. Die Inhaftierten werden auf dem Weg in andere Konzentrationslager zu Fuß durch das nunmehr immer stärker kriegszerstörte Land getrieben; Tausende kommen unter den widrigen Bedingungen zu Tode.

Zynisch gesprochen, war dieses Lager von Anfang an ein internationales; in ihm und seinen ganzen 139 Außenlagern wurden insgesamt etwa

280.000 Menschen inhaftiert, die aus ganz Europa stammten. Die traurige und den Wahnsinn der Ideologie der Nationalsozialisten verdeutlichende Bilanz: Am Ende des Krieges ist das KZ Buchenwald das größte im Deutschen Reich, rund 56.000 Menschen sind Folter, medizinischen Experimenten, der Auszehrung oder grassierenden Krankheiten zum Opfer gefallen; 8.000 sowjetische Gefangene hatte man in einer eigens separierten Anlage hingerichtet; tausende weitere Häftlinge sterben nach der Befreiung des Konzentrationslagers im April 1945 an Entkräftigung.

Nach der Befreiung übergaben die US-amerikanischen Streitkräfte das Lager der Obhut der sowjetischen Befehlshaber. Diese führten den Lagerbetrieb auf ihre Weise fort und sorgten – wenngleich natürlich unter völlig anderen Vorzeichen – für eine Kontinuität des Schreckens. Das „Speziallager Nr. 2" dient den Sowjets der Internierung Deutscher. Anders als etwa das KZ Auschwitz-Birkenau, dessen Anlagen zum Teil erhalten oder wiederhergestellt sind und das somit einen beinahe mimetischen Eindruck der Lagergestalt wiedergibt, ist das KZ Buchenwald auf seine ganz eigene Art und Weise ein tiefbedrückender Erinnerungsort; die Lagerbaracken sowohl der Häftlinge als auch der SS sowie die meisten Funktionsgebäude wurden nach 1945 abgerissen. Belassen wurden das Krematorium, ein Haupthaus und einige weitere Nebengebäude. Tritt man durch das gusseiserne Tor, das mit der Aufschrift „Jedem das Seine" den Besucher empfängt, schaut man zunächst auf eine beinahe kahle Fläche. Diese macht auf ihre Weise aber deutlich, welche gigantomanische Dimension einer menschengemachten Hölle dem KZ Buchenwald zugrunde lag. Der unerträgliche Zynismus der Nationalsozialisten machte auch nicht vor ihrer Instrumentalisierung dessen halt, wofür Weimar seit über 200 Jahren bekannt war: Auf der weiten Ebene fällt ein Baumstumpf ins Auge, der Stumpf der „Goethe-Eiche", die die SS an Ort und Stelle belassen hatte. Die einzelnen erhaltenen Gebäude sind allesamt betretbar; ratsam ist jedoch eine Führung unter der Leitung eines der erfahrenen Guides der Gedenkstätte – nicht jedermann mag ohne Vorbereitung das Krematorium, das Desinfektionsgebäude oder die Arrestzellen betreten. Viele Gebäude enthalten darüber hinaus Museen und wechselnde Ausstellungen, über die sich auf der Internetpräsenz der Gedenkstätten informiert werden kann. So bedrückend die Besichtigung eines Konzentrationslagers ist – gerade hier, in der Nähe zum Erinnerungsort der deutschen Kulturnation, sollte man die größte Barbarei der Menschheit, die jede Kunst und Kultur nicht hatte verhindern können, nicht übergehen und das KZ Buchenwald besichtigen.

Essen und Trinken

Madame Germaine du Staël kam 1803 als eine Berühmtheit nach Weimar. 1814 wird sie ihr Buch „De l'Allemagne" veröffentlichen und sich mit treffenden Beobachtungen über die Deutschen und ihr Deutschsein eine breite Leserschaft dies- und jenseits des Rheines sichern.

Auf ihrer Reise nach Weimar wollte die, aus ihrem Heimatland wegen sittlicher Verstöße verbannte, Grande Dame der französischen Kultur die Quintessenz des geistigen Lebens kennenlernen, in Person all jener, die Rang und Namen hatten, was sich als schwierig gestaltete: Johann Gottfried

Herder war alt und erwartete den Tod, Christoph Martin Wieland, der heiterste der Großen, zeigte sich vom Rummel um die Madame abgeschreckt und blieb in Oßmannstedt, und – natürlich – Johann Wolfgang Goethe, der sich, mit Wichtigerem befasst, ins nahegelegene Jena zurückzog. Das Treffen zwischen Madame du Staël und Goethe fiel dann auch knapper und von mehr Antipathie, als erwartet, geprägt aus. Die Französin empfand den kleinen, dicklichen Mann als vom Geruch muffiger Amtsstuben umgeben und gar nicht mit dem vielbeschworenen Charisma des Genies ausgestattet, der Wahlweimarer hielt die Schwatzlust der Madame und ihre Egozentrik kaum lange aus und empfahl sich bald darauf.

Wie schön ist es, bei einem Gang durch Weimars Gassen anzunehmen, dass mit reichlicher Verspätung zwar, ein Samen des Heimatlandes der du Staël in der Stadt auf fruchtbaren Boden fiel und eine kulinarische Dependance entstand, die eine Brücke zum französischen Volke schlägt. In Form der Crêperie du Palais ist das durchaus anzunehmen. Wenigstens spricht ihre Selbstvorstellung dafür: „Vive la France!", springt es einem von der Website

entgegen. Wer „ein Stück Frankreich genießen"
möchte, der ist an keinem Ort in Weimar besser auf-
gehoben (dessen Name übrigens seiner Adresse, Am
Palais 1, entspringt). Und auch jene, die ihren kulina-
rischen Horizont über das übliche Repertoire von
deutschem Gasthaus bis Italiener hinaus erweitern
möchten, werden hier bestens und außergewöhn-
lich versorgt. Ursprünglich im Jahre 2000 von einem
Franzosen begründet, in einem wunderschön grün-
getünchten, denkmalgeschützten Haus, ist seit 2013
eine Deutsche nunmehr Leiterin des kleinen Restaurants.

Am Ambiente und der herrlichen Speisenaus-
wahl hat das wenig geändert. Nach wie vor serviert
werden nicht alltägliche Spezialitäten, die die Wan-
delbarkeit von Crêpes und Galettes jenseits des übli-
chen Kirmesbüdchens bezeugen: Neben – ganz klassisch französisch – „Fromage" und „Soupe à l'Oig-
non" liegt das Hauptaugenmerk auf den Teigvariati-
onen. Diese werden serviert in den unterschiedlichs-
ten Kombinationen, von Feinschmeckervarianten
mit Lachs oder Garnelen bis hin zu rustikalen Varianten mit Schinken, Ei und Crème fraîche oder sü-
ßen Crêpes mit Zucker und Obst. Weitere typische

Gerichte in Form zahlreicher Desserts, wie den be-
rühmten Flammkuchen aus dem Elsass, sind zudem
wichtiger Bestandteil der Küche. Die Preise sind dabei moderat, sodass zweifellos noch eine Flasche der
kleinen, aber feinen Auswahl französischer Weine
den Hauptgang begleiten dürfte. Reservieren sollte
man einen Tisch in der Crêperie du Palais unbedingt;
allzu viele Plätze gibt es nicht, was kein Nachteil ist,
trägt es doch zur familiären und gemütlichen Atmosphäre des Restaurants bei. Reservierungen werden
sowohl telefonisch als auch online angenommen.

Für den kleinen Hunger zwischendurch gibt es
eine schnelle Adresse in Weimar, die man ebenfalls
besucht haben sollte: Fritz Mitte, ein Schnellrestau-
rant, das mit ‚Pommesbude' nur unzureichend beschrieben ist. Serviert werden hier dicke belgische
Pommes frites, denen man ihren Ursprung als Kar-
toffel im Gegensatz zu vielen anderen Lädchen an-
sieht, zudem Berliner Currywurst (das heißt, ohne
Darm gebratene Wurst). Dazu auswählen kann man
aus einer erstaunlichen Bandbreite an selbstge-
machten Mayonnaisen, von Honig-Limone-
Dijonsenf über Parmesan-Rosmarin bis hin zu Erd-
nussmayo. Fritz Mitte, Teil einer größeren Concept

Company aus Jena, ist beileibe kein Geheimtipp. Man kann aber als Besucher davon ausgehen, gefragt zu werden, ob man denn schon dort gewesen sei und die Pommes probiert habe. Daneben gibt es in Weimar, wie überall in Thüringen, zahlreiche Eckbuden, an denen man die beinah unausweichliche Thüringer Rostbratwurst kosten kann – und auch das sollte sich nicht entgehen lassen, wer nach Thüringen reist, egal wohin.

Apropos Thüringer Spezialitäten: Besonders herausragend neben der offensichtlichen Rostbratwurst ist selbstverständlich das ‚Nationalgericht' Thüringer Klöße, in den meisten Fällen serviert mit Kirschrotkohl und Rouladen. Die Besonderheit der Klöße: Sie werden zur Hälfte aus gegartem, zur Hälfte aus rohem Kartoffelteig hergestellt und mit einem Brotkern versehen, bevor sie gekocht werden. Und in keinem anderen Restaurant in Weimar bekommt man diese Thüringer Spezialität als Gericht besser serviert, als im Erbenhof, unweit des Deutschen Nationaltheaters im Zentrum der Stadt gelegen. Der Erbenhof ist ein schickes Restaurant, das sich seinen fantastischen Service und die herrlich frischen Zutaten etwas mehr kosten lässt. Dafür wird der Gaumen aber verwöhnt von einem Geschmackserlebnis, das seinesgleichen sucht. Besonders empfehlenswert ist der glasierte Entenbraten, der – selbstredend – mit Thüringer Klößen und Gemüse serviert wird. Als Getränk, auch das sollte erwähnt werden, führt in diesem Fall kaum ein Weg um das Köstritzer Schwarzbier herum, das in sämtlichen Kneipen und Restaurants der Stadt (und des Bundeslandes) zumeist vom Fass gezapft wird und als Dunkelbier einen wunderbar malzigen, würzigen Geschmack hat. Für feierliche Anlässe oder als kulinarische Reise ins Grüne Herz Deutschlands gibt es in Weimar jedenfalls kaum einen besseren Ort, als das Restaurant Erbenhof.

Sollte einem aber doch der Sinn nach einer klassisch italienischen Destination stehen, immerhin der Deutschen liebste Restaurantheimat, gibt es dafür eine große Auswahl an Ristorantes in Weimar. Genannt sei hier beispielsweise das Anno 1900, ein fast komplett verglastes Café und Restaurant, das mit viel Liebe zum Detail eingerichtet ist und alles serviert, was der Freund des dolce vita sich nur wünschen kann. Hervorzuheben aber ist das Ristorante La Trattoria, das den Besucher in einen Italienurlaub zu versetzen scheint. Dekoriert im Stil italienischer Bistros oder Pasticcerie, bietet La Trattoria eine große Auswahl an Antipasti, Pasta und Pizza. Egal, ob Insalata Caprese oder römische Spaghetti Carbonara, die Speisen sind allesamt hervorragend zubereitet, die Bedienung ist – typisch italienisch – freundlich und herzlich. Fast überflüssig ist es da noch zu erwähnen, dass auch die Lage der Trattoria zentrumsnah und ohne Probleme fußläufig zu erreichen ist.

Der Besucher Weimars muss über das kulinarische Mittags- und Abendprogramm dabei aber nicht auf den Vier-Uhr-Tee oder -Kaffee verzichten. Für eine Stadt von der Größe Weimars nimmt einen die Menge und Dichte der Kaffeehäuser etwas Wunder; dabei haben sie den mit dieser Bezeichnung anklingenden Vergleich zu den großen Geschwistern im fernen Wien gar nicht zu scheuen. Sogar seine eigene Kaffeerösterei hat die Stadt. Dieses, am Herderplatz gelegene, und damit - Sie ahnen es - zentral und fußläufig erreichbar gelegene Café, röstet seinen Kaffee noch selbst, mahlt ihn selbst und verarbeitet ihn zu hochwertigen Heißgetränken. Wem der Geschmack besonders zusagt, kann die Hausröstungen abgepackt kaufen. Nebenbei bemerkt, ist dies wohl eines der vielversprechendsten (und schmackhaftesten) Souvenir-Ideen für die Daheimgebliebenen. Wer vergisst, eine Sortenmischung mitzunehmen, der kann immer noch im dazugehörigen Onlineshop der Kaffeerösterei sämtliche Sorten nachbestellen und sich liefern lassen. Damit noch nicht genannt ist die Auswahl an verschiedenen Kuchen und Torten, die das Café anbietet und die den Besuch zum vollendeten Genuss machen. Das Innere der Kaffeerösterei mag auf den ersten Blick etwas erschlagend wirken, ist hier doch wirklich beinah jeder Winkel mit Auslagetischchen, den typischen Leinensäcken für Kaffeebohnen und Porzellan vermeintlich vollgestellt. Doch auf zwei Etagen lässt sich für jedermann ein lauschiges Plätzchen finden und der erste Eindruck verfliegt sofort und weicht dem Genuss der angenehmen Einrichtung. Bei gutem Wetter ist zudem die Terrasse beziehungsweise der Vorplatz geöffnet – die Weimarer Sonne genießen und Weimarer Kaffeemischungen trinken, eine bessere Erholung lässt sich kaum denken. Oder, wie es in der Rösterei selbst heißt: „Mit Kaffee und Humor kommt man dem Stress zuvor.".

In eine ähnliche Kerbe schlägt das Café am Frauentor, das über Kaffee und Kuchen hinaus auch Speisen vornehmlich der deutschen Küche anbietet. Ebenfalls auf zwei Etagen angesiedelt, beeindruckt hier insbesondere die wahnsinnig reiche Kuchen- und Tortenauslage. Bei meinem letzten Besuch habe ich rund zwanzig verschiedene Sorten zählen können, die ich allesamt gerne probiert hätte. Von Klassikern der Konditor-Kunst, wie nach Art der Schwarzwälder Kirschtorte und Schokokuchen, bis hin zu selteneren Varianten wie der Walnuss-Frischkäse-Torte oder dem Himbeer-Käsekuchen, findet der Besucher alles, was das Kuchenherz begehrt. Anders als in vielen ähnlichen Lokalen, ist der Kunde hier außerdem quasi zur Beschäftigung mit dem breiten Sortiment gezwungen, muss er doch direkt an der Auslage seinen Kuchen bestellen; das führt zuweilen zu etwas Durchgangsstau, spricht aber dann doch irgendwie für die (positiven!) Entscheidungsnöte, in die einen der Appetit auf so ziemlich alle Sorten von Kuchen und Torten stürzt.

Besondere Veranstaltungen

Wer clever bucht, der kann ein Weimarer Schauspiel miterleben, das alljährlich Menschen aus aller Herren Länder und näherer und ferner Umgebung nach Weimar lockt - den Zwiebelmarkt im Herbst, der im Jahre 2020 vom 9. bis zum 11. Oktober in ganz Weimar stattfindet. Was sich hinter diesem Namen verbirgt? Nun, im Grunde genau das, was er verspricht: ein Markt rund um die würzige Knolle aus der Erde. Die naheliegende Frage lautet natürlich, welche Verbindung

Weimar zur Zwiebel hat, dass die Stadt ihr ein ganzes Fest über mehrere Tage und mit unzähligen verschiedenen Veranstaltungen widmet.

Bekannt ist auf jeden Fall, dass bereits in der Mitte des 17. Jahrhunderts der erste sogenannte „Viehe- und Zippelmarckt" (im Neuhochdeutschen also Vieh- und Zwiebelmarkt) stattfand. Eine Tradition, die die Stadt seither durch die Jahrhunderte beibehalten hat. Im 19. Jahrhundert entwickelte sich der Zwiebelmarkt zu einer Attraktion, zu der die Menschen auch aus ferneren Gebieten anreisten. Heutzutage ist der Andrang und die Bekanntheit des Marktes so groß, dass die Stadt sogar eine eigens für den Zwiebelmarkt programmierte App anbietet sowie besondere Hinweise zu Hotelbuchungen und Anreise, um den gröbsten Andrang etwas abfedern zu können.

Besonders beliebt – unter anderem auch beim botanisch durchaus beschlagenen Goethe – waren und sind dabei stets die Zwiebelrispen. Doch selbstredend werden darüber hinaus Zwiebeln in jeder erdenklichen Form, Farbe und Größe verkauft, ob als Lebensmittel oder in Form von handgemachten Zwiebelfiguren, den sogenannten „Zwiebelinchen".

Zu essen gibt es, keine Überraschung, Zwiebelsuppe, Zwiebelkuchen, Bratkartoffeln mit Zwiebeln, Backzwiebeln und so weiter. Diese Stärkung ist aber auch unbedingt notwendig, denn ein Blick auf das engbedruckte doppelseitige Programm dieses Jahres kündet bereits von den vielen Ecken der Stadt, die rechtzeitig zum Beginn einer Veranstaltung erreicht werden wollen; vor allem musikalische Attraktionen locken, und als Headliner ein Auftritt von Joris. Wer eine härtere musikalische Gangart vorzieht, dem bietet das eigens für den Zwiebelmarkt auf die Beine gestellte „Rockin' the Zwiebel Metal Open Air" Gelegenheit.

Wer nach so viel Zwiebelspeisen Durst bekommen hat auf ein Gläschen Wein, der sollte seinen Besuch in den Spätsommer legen; vom 27. bis 30. August findet in der Stadt das alljährliche Weinfest statt. Nun sind Thüringen im Allgemeinen und Weimar im Speziellen nicht gerade allseits bekannt und beliebt für eine herausragende Weinkultur, für den Blick auf Weinberge und Keltereien. Doch das ist ein Irrtum! Das unweit entfernt gelegene Weingebiet Saale-Unstrut ist ein mehr und mehr gefragtes – und geschmackvolles. Von weißem Müller-Thurgau bis zum Blauen Portugieser wachsen viele Rebsorten an den Muschelkalkhängen der Region. Und das Weinfest bietet eine einzigartige Gelegenheit, deren Produkte in spätsommerlicher Atmosphäre im Stadtkern Weimars rund um den Frauenplan zu genießen. Darüber hinaus kommen selbstverständlich internationale Produkte nicht zu kurz; serviert werden Weine aus aller Herren Länder, etliche Stände sorgen zudem für das leibliche Wohl. Wer Acht gegeben hat, dem wird aufgefallen sein, dass das Weinfest sich mit dem Geburtstag Johann Wolfgang Goethes überschneidet. Nun, dieser wird, wenn man den Ankündigungen der Stadt Glauben schenken darf, nebst viel anderer Prominenz aus Politik, Wirtschaft, Kultur und nebst den Weinköniginnen der Region selbst leibhaftig anzutreffen sein. Braucht es mehr Motivation?

Spricht man über die Märkte Weimars (derer es viele gibt, die hier nicht allesamt angeführt werden können), darf einer, und quasi des Deutschen liebstes Kind, nicht vergessen werden: der Weihnachtsmarkt. Bereits am 24. November, und damit recht früh im Deutschlandvergleich, öffnet die „Weimarer Weihnacht" ihre Pforten und behält sie geöffnet bis zum 5. Januar 2021. Unzweifelhaftes Highlight für die Jüngeren (und Junggebliebenen) ist das rund um das Goethe-Schiller-Denkmal vor dem Deutschen Nationaltheater errichtete Eislauffeld. Die Stimmung ist fantastisch und enthält in gewisser Weise die Adventszeit in nuce, wenn Kinder sich auf dem Eisfeld austoben, während ihre Eltern mit einem Glühwein mit Schuss am Rand stehen und hoffen, dass ihre Kleinen nur bald müde werden. Wiederfinden lassen sich auf dem Weimarer Weihnachtsmarkt zudem Stände, die einem schon vom Zwiebelmarkt bekannt vorkommen dürften; generell legt die Weimarer Weihnacht ein Hauptaugenmerk auf die Schausteller und handwerklichen Händler.

Mit einer großen Kirmes oder vielen wilden Fahrgeschäften darf also nicht rechnen, wer ab dem 24. November die Stadt besucht. Dafür mit viel Liebe fürs Detail gestaltete Schwibbögen aus Sachsen, bemalte Krippenfiguren aus der Holzmanufaktur und Lebensmittelprodukte von selbstgemachtem Pesto bis hin zum Schlehenschnaps, die dazu einladen, das ein oder andere Glas einzupacken und zur Bescherung an Weihnachten unter den Tannenbaum zu legen. Mit dem großen Weihnachtsmarkt im

Stadtgebiet ist dabei nur einer genannt; in der Bauhaus-Universität findet am 12. Dezember ein eigener kleiner Weihnachtsmarkt von 10 bis 18 Uhr statt, auf dem von Notizbüchern bis Kerzenständer alles eingekauft werden kann – natürlich komplett im Bauhausstil gehalten, versteht sich. Eine schöne Tradition ist zudem die Aktion der 24 Türen. An jedem Tag bis Heiligabend öffnen im Dezember Läden der Stadt, von der Buchhandlung bis zur Vinothek, ihre Türen und bieten eine besondere Aktion an, sei es die Verköstigung einer Spezialität oder eine Bastelecke. Man sieht, Weimar lohnt sich nicht nur bei 25 Grad und Sonnenschein, auch im Winter verliert die Stadt nichts von ihrem Reiz, gewinnt vielleicht sogar noch eine ganz besondere Nuance dazu.

Ach ja, übrigens: Wussten Sie eigentlich, wer das womöglich beliebteste Weihnachtslied der Deutschen „O du fröhliche…" geschrieben hat? Ein Sozialpädagoge namens Johannes Daniel Falk, der, wie der Zufall es will, aus Weimar stammte. Christoph Martin Wieland vermittelte ihn Ende des 18. Jahrhunderts an den Fürsten Carl August, der ihn an seinem Hof aufnahm, wo er mit Goethe und Herder verkehrte. Deswegen sollte man sich nicht wundern, falls das „O du fröhliche..." in der Weimarer Vorweihnachtszeit häufiger erklingt, als in anderen Städten. Sein Gutes hatte Johannes Daniel Falks Wirken darüber hinaus bis in unsere Zeit: Der Verein seines Namens setzt sich bis heute für die sozial benachteiligten Menschen der Stadt ein und finanziert unter anderem Nikolaus- und Weihnachtsfeiern für arme Kinder oder Obdachlose.

Ferner empfehlenswert sind die sogenannten Weimarer Reden. Jedes Jahr lädt die Stadt zu verschiedenen Terminen bekannte Gäste aus Gesellschaft, Politik und Kultur ein, um unter einem Motto einen Vortrag zu halten. Das diesjährige Motto lautet „Blühende Landschaften" und gemahnt damit bereits an die Auseinandersetzung mit dem Übergang der vormaligen DDR in den Geltungsbereich der Bundesrepublik sowie Helmut Kohls im deutschen Osten nunmehr meist bitter zitiertes Versprechen ebenjener „blühenden Landschaften", die im Osten bald nach der Wiedervereinigung entstehen sollten. Den Anfang am 1. März macht Harald Welzer, am 08. und am 15. März sprechen Peggy Mädler und Klaus Töpfer zum Thema. Der Eintritt beträgt 10,50 Euro (ermäßigt 6,50 Euro) und findet im oben bereits ausführlich gewürdigten Deutschen Nationaltheater statt.

Apropos Lesungen: Ab Mitte März bis Anfang April finden ebenfalls erneut die Weimarer Lesarten 2020 statt, ein kleines, aber feines Literaturfestival, das sich mit einer Menge namhafter Autoren und Intellektueller schmücken kann. Von Berichten aus fernen Ländern, in denen „Bücher die Welt bedeuten – Kolumbien, USA, Indien" am 15. März im Jugend- und Kulturzentrum mon ami über den großartigen SZ-Kolumnisten Axel Hacke, der am 23. März ebendort auftritt, bis hin zur „Film-Lesart", bei der die Literaturverfilmung des großen Romans von Siegfried Lenz „Deutschstunde" gezeigt wird, kommt der Freund des Gedruckten und der Geisteswelt vollends auf seine Kosten. Das ausführliche Programm lässt sich über die stadteigene und sehr übersichtlich gestaltete Homepage Weimars abrufen - unter weimar.de.

Den Klängen eines der größten musikalischen Genies aller Zeiten lässt sich während der Thüringer Bachwochen vom 3. bis zum 26. April lauschen. Das seines Zeichens größte Festival klassischer Musik in Thüringen weiß eine Riege der besten Interpreten des Bachschen Oeuvres aufzubieten, die zudem spielen werden – wie der Violinist Dmitry Sinkovsky – in der, wie dafür geschaffen erscheinenden, Stadtkirche St. Peter und Paul am 5. April. Bach, dessen Musik in hohem Maße auch stets eine Form des Gottesdienstes darstellte, wird folgerichtig auch in Form eines Kantatengottesdienstes geehrt; zu hören in der Weimarer Jakobskirche, ebenfalls am 5. April ab 11 Uhr.

Nachdem wir oben bereits einen Blick auf die vielfältige Museenlandschaft der Stadt geworfen haben, ist es unumgänglich darauf hinzuweisen, dass die Lange Nacht der Museen auch 2020 wieder stattfinden wird; am 16. Mai werden fast sämtliche Museen der Stadt (insgesamt 38 an der Zahl) über die normalen Öffnungszeiten ab 18 Uhr bis Mitternacht geöffnet bleiben. 7 Euro kostet eine Karte, die zum Zugang aller Häuser jederzeit berechtigt, 12 Euro kostet die Familienkarte, die zwei Erwachsenen und einer offenen Anzahl an Kindern bis 16 Jahren gleiche Berechtigung erteilt. Beinahe zeitlich parallel findet diese lange Nacht auch in der Hauptstadt in der Nähe, in Erfurt, nämlich am 15. Mai 2020 statt.

Hotels

Für jeden kürzeren oder längeren Aufenthalt in Weimar empfehlen sich einige Hotels. Da wäre zum ersten genannt das direkt am Hauptbahnhof, aber dennoch ruhig gelegene Hotel Kaiserin Augusta. Familienfreundlich und zu fairen Preisen lässt es sich hier gut Tage oder Wochen aushalten – zumal der Weg in die Stadt über die zentrale Carl-August-Allee und damit zu den meisten Sehenswürdigkeiten nicht allzu weit ist, von der Verkehrsanbindung ins Thüringer Umland direkt vor der Tür ganz zu schweigen. Benannt ist das Hotel übrigens nach Kaiserin Augusta, der Ehefrau Wilhelms I.; und so datiert auch die Grundsteinlegung vom Jahre 1867. Das in den frühen Neunziger Jahren vollständig grundrenovierte und ausgebaute Gebäude (das heute unter Denkmalschutz steht), hatte den Zweiten Weltkrieg nahezu unbeschadet überstanden. Einzelzimmer gibt es ab 69 Euro, Doppelzimmer ab 84 Euro.

Viel zentraler als im Hotel Elephant kann man derweil in Weimar nicht wohnen. Direkt am Markt – genauer gesagt: Am Markt 19 – gelegen, bietet das Hotel für all jene, die Weimar nur zu Fuß und mit möglichst wenig Schritten erkunden wollen, die optimale Lage. Auch dieses Hotel ist bis Oktober 2018 grundlegend renoviert und saniert worden. Die 99 Zimmer sind im Art-Déco-Stil gehalten, auch Bauhauselemente lassen sich an der Fassade und im Innern entdecken. Das Hotel Elephant ist vor allem aufgrund seiner Lage und seiner Sternebewertung ein eher höherpreisiges Hotel, dessen Zimmer ab etwa 100 Euro buchbar sind. Dafür ist der Service des Hauses ein erstklassiger, der keine Wünsche nach Entspannung und Erholung nach einem langen Tag der Ausflüge offenlassen sollte.

Etwas günstiger, schon ab 59 Euro, stehen

Zimmer im Hotel Am Frauenplan (in der Brauhaus-
gasse 10) bereit. Gelegen am von Bernstorff'schen
Palais. Wer den bisherigen Text gründlich gelesen
hat, dem mag die Adresse Am Frauenplan bereits bekannt vorkommen; in unmittelbarer Nähe steht das
Wohnhaus Goethes (und auch in der Nähe dessen
Schillers), einer der ersten Anlaufpunkte für den kul-
turell oder an Museen interessierten Besucher der
Stadt. Das 3-Sterne-Hotel besticht mit kleinen, aber
feinen Zimmern und preisgünstigen Angeboten. Die
offizielle Internet-Präsenz des Hotels ist zudem eine
reichhaltige Fundgrube für Anregungen, welche
Orte und Sehenswürdigkeiten ein absolutes Muss
für einen Weimaraufenthalt sind – viele wird der Leser dieses Textes wiedererkennen. Zum anderen
empfiehlt die Website aber auch eine Reise ins Umland Weimars.

An dieser Stelle sei daran erinnert, dass eine
Reise in viele andere Städte Thüringens nicht minder empfehlenswert ist! Wie auf einer Perlenschnur
aufgereiht liegen die Städte Erfurt, Weimar und Jena
im Land; Erfurt, die Hauptstadt des Landes, besticht
mit einer mittelalterlichen, gut erhaltenen Innen-
stadt, in der man auf den Spuren Martin Luthers

wandert sowie durch seinen gewaltigen Domplatz; Jena, die womöglich ‚jüngste' Stadt Thüringens, ist geprägt von seiner großen Universität mit rund 20.000 Studenten. Große Namen der technischen Industrie – Carl Zeiss, Otto Schott – haben hier ihren Ursprung und Sitz, zudem ist Jena das Zentrum der frühen Romantikerbewegung und lädt, in einem Talkessel gelegen und von Hügelketten umgeben, zu Wanderungen ein. Auch Gotha, dessen größte Sehenswürdigkeit das Barockschloss ist, sowie Eisenach, die Johann-Sebastian-Bach-Stadt, oder eine Reise zur Wartburg bieten sich natürlich an.

Eine herzliche Einladung

Mit dem Bisherigen, lieber Leser, haben wir kaum alle Sehenswürdigkeiten und Attraktionen, die Weimar zu bieten hat, abdecken können. Und allein das wäre Grund genug, Sie herzlichst in die wunderbare Stadt an der Ilm einzuladen!

Jeder Besucher, jede Besucherin wird ihre eigenen Schwerpunkte setzen, wenn er oder sie sich auf eine Städtereise einlässt. Gewiss; Weimar hält allein aufgrund seines kulturellen Erbes, seiner vielen historischen Stätten und seiner anhaltenden Bedeutung für die Kulturlandschaft vor allem in dieser Hinsicht viel bereit. Das bedeutet aber mitnichten, dass, wer auf der Suche nach Nachtleben und Aktivitäten ist, zu kurz käme. Wie ganz zu Beginn bereits angedeutet, schafft es Weimar, seine einzigartigen Vorzüge mit einer kleinen, aber feinen Club- und Kneipenkultur zu verbinden, ohne dass daraus ein zu starker Kontrast oder ein Bruch entstünde.

Hier stehen neben den klassizistischen Gebäuden des „Goldenen Zeitalters" diejenigen der (wieder) hochmodernen Bauhausschule; und genauso verhält es sich mit Weimars Bewohnern. Jung und Alt leben beieinander, neben dem breiten thüringischen Dialekt hört man die Menschen in den Straßen Hochdeutsch, Englisch, Spanisch sprechen, kleine studentische Projekte treffen auf große Veranstaltungen finanzstarker Träger, den Einkaufsbummel kann man erledigen, nachdem man im Weimarer Umland ausgiebig gewandert ist.

Also: All das hier Geschriebene kann sich nur als Andeutung dessen begreifen, was sich in Weimar entdecken lässt. Die Stadt macht es keinem Besucher schwer, sich in ihr zurechtzufinden und sich in ihr

wohlzufühlen. Es ist jederzeit Zeit, Weimar zu entdecken und lieben zu lernen!

Herstellung und Verlag:

BoD – Books on Demand, Norderstedt

ISBN: 9783751904100

© Tatjana Berghaus 2020

1. Auflage

Kontakt: Psiana eCom UG/ Berumer Str. 44/ 26844 Jemgum

Covergestaltung: Fenna Larsson

Coverfoto: depositphotos.com